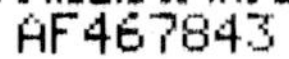

NOTES EXPLICATIVES.

Un fait grave, qui se passe au milieu d'une grande ville, dans un Cercle composé de nombreux Sociétaires, ne tarde pas à atteindre une certaine publicité ; la violence qui l'a causé, le mystère qui l'a accompagné, le moyen étrange imaginé pour obtenir une délibération qui le sanctionne, cette délibération dépendante de l'éventualité d'un scrutin secret, et son silence sur les motifs qui l'ont déterminée, ouvrent un trop large champ aux interprétations pour que je n'en explique pas les véritables causes.

Je sais bien que je me place sur un terrain ardu, en face d'honorables Sociétaires d'un des principaux Cercles de Rouen ; mais je faillirais à l'honneur, à la mémoire de mon père et de mes deux fils, à d'honorables parents et aux personnes bienveillantes qui me conservent, quand même, leur estime et leur amitié, si je gardais le silence sur la violence d'une action privée et sur l'anomalie d'un scrutin impossible.

1847

Mes vieux jours étaient donc destinés aux événements les plus extraordinaires ! Contraste extrême d'une vie passée sous le toit de ma famille heureuse jusqu'à ma soixante-huitième année, car depuis deux ans je suis en butte aux plus pénibles vicissitudes.

Je regrette d'être contraint de rappeler ici certains débats, source principale de ceux du Cercle ; ces deux affaires se sont tellement liées, leur connexité est si extraordinaire, que je ne puis faire autrement ; j'y mettrai d'autant plus de mesure, qu'un accord dernièrement signé a terminé la première.

Je dirai en même temps qu'en réclamant contre un Cercle entier, où je compte encore des amis et d'honorables connaissances, ma plainte ne s'adresse qu'au très-petit nombre de ceux qui, désertant la plus ancienne et la plus constante intimité, se sont déclarés mes adversaires et ont suscité la délibération du 23 novembre 1846. Ils répondront, sans doute, qu'ils ont eu la majorité, l'unanimité peut-être, des membres délibérants ; c'est possible, parce qu'entre des Sociétaires actifs et un Sociétaire honoraire, entre les habitués de chaque jour et les rares visites d'un membre devenu presque étranger, l'hésitation était difficile et la préférence certaine ; ce furent donc des égards, ce n'est pas une justification.

J'en appellerai cependant à tous les Cercles ; je leur demanderai si le fait d'avoir arraché un nom du tableau des Sociétaires d'un Cercle, soit qu'il fût isolé, soit qu'il ait été concerté entre plusieurs, n'est pas une action violente, reprochable et susceptible de censure ?

Je reviendrai sur ces explications ; je démontrerai l'embarras où l'on a jeté le Cercle, la perplexité de sa position par rapport à moi, l'impossibilité d'un tort à me reprocher ; je démontrerai que je ne suis pas rayé du Cercle par le Cercle, et que je suis toujours, de droit, membre honoraire de la Société Saint-André. Ainsi, que l'auteur des faits dont je me plains soit M. De..., comme on le dit partout, ou que ce soient d'autres Sociétaires ensemble, peu importe à la question de droit : ma protestation existe ; elle se corrobore maintenant de la consultation d'une des sommités du barreau de Paris, Me Chaix-d'Est-Ange.

M. De..., puisque je l'ai déjà nommé, avait laissé pendant longtemps sans réponse une lettre que je lui avais adressée pour réclamer un service de sa complaisance ; cependant, cédant à une lettre de rappel, il m'écrivit, mais avec tant d'observation et de réticence, ne mêlant à tous ses témoignages de dévouement aux miens aucune expression d'amitié, ni même de simple politesse à mon égard, que je jugeai qu'il était prévenu contre moi.

Je n'aime pas à rester en arrière d'un rapprochement possible : je songeai à la longue intimité de nos deux familles, à mes rapports avec M. De..., soit d'affaires, soit de Société ; je me rappelai plusieurs circonstances d'un dévouement mutuel, et surtout des preuves de loyauté et de désintéressement réciproques ; je repris ma plume et lui adressai, le 20 janvier 1846, la lettre suivante :

« Mon cher ami,

« Je ne renoncerai pas facilement au plaisir de vous nommer ainsi...

....

« Le silence que vous gardez sur.................
« et le mystère qu'on m'en a fait ici, sont assez explicatifs..

....

« ce jour-là même j'obtins un bien triste succès ; ce n'est
« pas ma faute : depuis longtemps je ne cesse d'offrir des
« arbitres, on a constamment refusé. Je n'ai pas quitté cette
« ligne ; la raison, l'honneur et la paix m'ordonnaient de la
« suivre.

« Comment s'est-il pu faire que vous soyez resté si long-« temps sans répondre?... Un mot de vous aurait tout sauvé..

....

« je vous aurais immédiatement demandé un rendez-vous; « je vous aurais apporté comptes, preuves et correspon-« dance; je vous aurais tout confié : vous eusssiez jugé, « vous eussiez conseillé. — Tenez D.., vous n'avez pas « voulu m'écrire! Ce n'est pas un reproche; c'est un mal-« heur : vous avez laissé carrière aux hommes de loi.

« Ne croyez pas ici que je cherche à me faire des parti-« sans; mon intention est de garder le silence partout et « sur tout.......................................

....

« N'est-ce pas le moment d'invoquer votre dévouement aux « miens, d'adjurer le vif désir que vous avez de leur être « utile en toute occasion et en toute chose? Votre interven-« tion devient indispensable; votre adhésion à une explica-« tion avec moi est essentielle. Je ne vois que vous ou mon-« sieur votre frère au monde avec qui je puisse descendre « dans un tel examen : il vous faut une conviction pour con-« seiller, pour prendre quelque empire; — ne me refusez « pas.

« Je dois aller à Rouen dans quelques jours; je hâterai « mon voyage, s'il le faut; je ferai tout ce que vous voudrez.

« Adieu, votre tout dévoué,

« L. C. »

A cette lettre, pas de réponse; et elle était bien parvenue.

J'arrive à Rouen le 9 février; le 10, au matin, j'écris à M. De... le billet suivant :

« Votre extrême réserve à mon égard m'oblige à en agir « de même envers vous; je le regrette. — Je vais donc

« chercher ici un intermédiaire officiel, à défaut d'interven-
« tion officieuse : c'est fâcheux, mais l'on m'y force ; sûr de
« ma loyauté en tout point, je tiens à la faire constater de
« nouveau dans ma ville natale.

« L. C.

« Rouen, 10 février, hôtel de..... »

On répondit au commissionnaire que monsieur était à la campagne.

Je prévis la rupture, je ne tardai pas à m'en convaincre.

Je vais au Cercle à l'heure des réunions, la première personne que je rencontre au salon de lecture, c'est M. De...; je n'eus pas la peine de lui faire un salut ni lui l'embarras de ne pas me le rendre, M. De... se couvrit immédiatement de tout le journal l'*Époque*. Arrivèrent successivement plusieurs Membres du Cercle, dont je reçus, comme de coutume, le plus obligeant accueil ; puis, en survinrent deux qui, malgré l'échange d'un premier bonjour amical, me laissèrent apercevoir les nuances d'un refroidissement décidé.

Les discussions d'intérêts dans les familles vont toujours plus loin qu'ailleurs ; je comprends toute la tendre part que des amies prennent aux épanchements de leurs amies ; l'amitié des femmes entre elles est vive, leur dévouement à leur cause entier et exclusif, leur zèle et leur foi sans hésitation ; l'amitié chez les hommes a aussi sa constance et ses devoirs ; et sans nuire aux égards, à la protection, ni même à la défense qu'un sexe doit à l'autre, on pouvait, on devait ne pas rompre ainsi avec un vieil ami ; il y avait mieux à faire, on ne l'a pas voulu.

Ainsi, d'une part, négligeant l'intérêt de tous, on refuse sa médiation vivement sollicitée ; de l'autre, on ne fait aucune tentative, aucun effort pour rallier une famille qui se divise ; cependant, ce que l'on refuse, ce que l'on néglige de faire, d'autres y songent ; à défaut d'amis, ceux-là persistent et y parviennent; M. Le Bourgeois, notaire à Rouen, a l'obligeance de faire des démarches et réussit à poser les premières bases d'un accord; puis, plus tard, MM. Rousseau, notaire à Écouen, et Saint-Jean, notaire à Paris, avec la plus patiente persévérance, terminent la bonne œuvre de leur collègue de Rouen.

A travers tout cela, un malheur plus affreux encore que la discorde vient nous frapper tous! je perds le dernier de mes fils!... et ce n'est pas assez! il faut que l'on provoque au Cercle un acte qui, s'il avait d'autres causes que des préventions ou des ressentiments particuliers, serait blessant pour la famille qui survit, blessant pour tous, dis-je, car la solidarité de l'honneur ne finit pas encore entre les miens et moi; il faut aussi que ceux qui, sans connaître exactement les choses, se sont déclarés contre moi, associent le Cercle à leur scission, comme si un Cercle avait à s'immiscer dans les affaires de famille; ah! si telle était sa mission, où seraient ses loisirs?

N'y a-t-il pas, presque partout, des dissensions secrètes? Quelles sont les familles assez heureuses pour en être tout-à-fait exemptes, et qui de mes adversaires, peut-être, n'aurait pas connu de semblables tribulations? Heureusement, la sagesse et la pudeur publiques ont indiqué des murs pour cerner ces misères; pourquoi donc les a-t-on franchis?

Après tant d'anxiétés et de malheurs, ne devais-je pas croire à quelque tranquillité sous l'abri d'un pacte de famille? N'y avait-il pas même de nouvelles espérances à former, d'autres vœux à faire? Non! le Cercle Saint-André s'est interposé.

Je fus informé, au commencement de novembre dernier, que mon nom n'était plus inscrit au tableau des Membres honoraires du Cercle; je partis aussitôt pour Rouen, afin de m'en assurer; j'entrai au Cercle le 6 novembre, j'y constatai le fait, je demandai au concierge s'il savait qui avait enlevé mon nom du tableau; il me répondit qu'il l'ignorait; j'eus l'honneur de rencontrer plusieurs Sociétaires, ils n'en savaient pas davantage, j'acquis seulement la certitude qu'il n'y avait pas eu de délibération; c'était donc un acte arbitraire : je m'en plaignis.

Examinons maintenant la position du Cercle; plus tard s'expliquera la mienne.

Il est évident que le Cercle se trouva, à cette date, placé entre deux écueils; ou il censurera l'acte arbitraire et ordonnera la réintégration de mon nom au tableau, ou il prononcera ma radiation définitive; le premier moyen est difficile, il ne le choisira pas; diverses considérations le retiendront, j'en suis convenu plus haut; et, de plus, l'acte arbitraire censuré établirait une offense envers un Sociétaire, et les conséquences de l'art. 47 des statuts du Cercle seraient applicables à l'auteur de l'acte, ce sont : la réparation en présence du président ou la radiation du tableau; le second moyen, celui de m'exclure par une délibération motivée, n'était pas en la puissance des Sociétaires du Cercle, ils le savaient très-bien; ni l'art. 14, ni l'art. 47 de leurs statuts, qui règlent l'exclusion ne m'étaient applicables, et depuis mon départ de Rouen, chaque fois que je suis venu au Cercle on m'y a toujours accueilli avec la même bonté.

Ma radiation ne sera pas délibérée, et elle est indispensable pour en finir; eh bien, on tournera la difficulté, il y aura une entente quelconque, on trouvera un expédient.

De retour chez moi, je reçus une lettre de M. le Secrétaire de la Société de Saint-André, par laquelle il me transmettait l'extrait de la délibération du 23 novembre dernier, ainsi conçue :

« La société arrête, *après scrutin*, que la liste des Membres « honoraires de la société est fixée ainsi. »

Suivaient les noms des membres honoraires réélus; le mien n'y était pas;

Je répondis, le 27 décembre, par la protestation suivante ; cette protestation fut approuvée par plusieurs personnes d'esprit et de cœur ; elle fut confirmée ensuite par la consultation de Mᵉ Chaix-d'Est-Ange.

PROTESTATION.

A M. le Président et à MM. les Sociétaires du Cercle de Saint-André, à Rouen.

MESSIEURS,

J'ai reçu l'extrait de votre délibération du 23 novembre 1846, que m'a transmis M. le Secrétaire du Cercle, avec la liste de vos Sociétaires honoraires réélus, ce même jour, par scrutin ; j'y ai retrouvé tous les noms de ceux avec qui j'étais inscrit au tableau, à l'exception du mien ;

Ce serait ne pas tenir à l'honneur d'être des vôtres, que de garder le silence sur cette espèce d'ostracisme, et vous me permettrez, Messieurs, de réclamer contre l'erreur et la rigueur de votre décision, par ces motifs :

1° Que l'on avait déjà enlevé mon nom, qui manquait au tableau lorsque j'entrai au Cercle dans les premiers jours de ce même mois de novembre ;

2° Que votre délibération paraît avoir été provoquée par ce fait isolé dont je me suis plaint ;

3° Parce qu'elle est contraire à l'usage, contraire à la chose jugée ;

Contraire, enfin, à la règle la plus formelle de toutes les

juridictions, même celles exceptionnelles, qui est : « de ne jamais condamner sans entendre. »

Il est bien reconnu, Messieurs, que votre Cercle est le Cercle Saint-André, constitué depuis plus d'un siècle.

J'en ai été reçu Sociétaire en 1806, et élu membre honoraire en 1839, lorsque j'eus quitté Rouen.

C'est un bénéfice d'honneur qui m'est acquis ;

Dans aucune corporation, le titre de Membre honoraire ne se prescrit ;

Eussiez-vous fait de nouveaux réglements, la rétroaction n'est pas possible ;

Est-il admissible, Messieurs, de soumettre au hasard d'un scrutin nouveau des droits déjà consacrés par un scrutin ?

Ce précédent serait dangereux, il exposerait la validité du passé aux caprices de l'avenir.

J'ai longtemps rempli à Rouen d'honorables fonctions civiles.

Les portes de la Bourse m'ont toujours été largement ouvertes ;

Pendant quarante années de station parmi vous, j'ai constamment été considéré comme bon et loyal Sociétaire ;

Ce sont des titres respectables ;

Votre scrutin les oublie ;

Mais votre délibération ne rapporte pas celle de 1839 ;

Mais elle n'énonce ni faits ni motifs ;

Mais je n'ai pas été entendu.

Je vous le demande, Messieurs, n'ai-je pas droit de me considérer toujours comme Membre honoraire de votre Cercle ?

Je ne puis donc consentir à me laisser séparer ainsi de tant d'honorables personnes, et je déclare protester, comme en effet je proteste, par la présente, contre le scrutin et la délibération du 23 novembre 1846.

J'ai l'honneur d'être, Messieurs, etc.

Ce 27 *décembre* 1846. L. C.

Le Cercle, m'a-t-on dit, n'y a pas fait droit, et a passé à l'ordre du jour; les positions ne sont donc pas changées; deux moyens me restent pour obtenir justice, le recours au tribunal civil ou à l'opinion publique ; je ne plaiderai pas, j'écris.

Enfin, l'expédient a été trouvé ; c'est le scrutin secret auquel on a soumis la réélection de tous les sociétaires honoraires antérieurement nommés à des époques différentes par semblables scrutins ou par délibérations unanimes.

C'est tout simplement un changement de cadre; Messieurs du Cercle ont voulu replacer eux-mêmes sur le nouveau les vignettes nominales qui reposaient sur l'ancien, sauf à en laisser tomber une, si faire se pouvait.

Ce n'est pas là de la légalité ; et si je voulais épiloguer, si j'avais à traiter des questions de droit, même de celui du Cercle en particulier, je ne manquerais pas de moyens de nullité ; voire celle d'admettre des Sociétaires nouvellement reçus à délibérer sur des droits anciennement acquis à d'honorables Sociétaires qu'ils ne connaissent même pas, droits qui remontent à 10, à 15 ans et plus, et qui ne s'obtiennent que de ceux dont on se sépare après cinq ans de séjour parmi eux; que MM. les Sociétaires prennent garde d'être un jour victimes de cet expédient!

Quant à ma position elle n'est encore établie que par un accident; mon nom est tombé du cadre; on croit que j'ai cessé de faire partie du Cercle Saint-André, moi au contraire, je crois que, si je le voulais fermement, mon nom serait replacé au rang qu'il occupait et que je reprendrais au Cercle ma part de domicile décernée à ma vétérance.

Qu'est-il arrivé? On a voulu couvrir un tort du manteau d'une délibération et l'on n'a fait que confirmer un acte arbitraire par un scrutin arbitraire; on n'exile pas un Sociétaire par des combinaisons; on ne le frappe pas par un coup de dé; il faut, pour en venir là, de bien graves motifs; on n'en avait pas un à citer ; le scrutin même en est la preuve, car on ne m'en avait pas déchu; au contraire, j'ai été livré à ses chances; l'urne a été présentée pour mon propre compte comme pour celui des autres, mon nom pouvait en sortir, je pouvais avoir une majorité et la délibération du 23 novembre me reconnaissait Membre honoraire du Cercle Saint-André; je n'ai pas eu la majorité, il est vrai, mais qui pouvait être certain du contraire?

On dira peut-être que ce furent des égards; cette raison m'est déjà parvenue; des égards! mais en a-t-on quand on fusille un soldat, quand on dégrade un légionnaire? A ce moment suprême, les égards sont épuisés; jusque-là, ils ne leur ont pas manqué; le légionnaire a conservé sa croix, le soldat a gardé ses chevrons; après l'accusation, la défense a été entendue avec une religieuse attention; on a délibéré sans passion, on a prononcé de même et avant l'exécution on a lu le jugement; au Cercle Saint-André, il n'en est pas ainsi; on exécute d'abord et l'on juge après.

Ainsi disparaît toute la gravité de la délibération du 23 novembre; elle m'afflige, sans doute, mais elle ne me porte pas d'autre atteinte.

J'ai cité dans ma protestation des titres à l'estime; j'espère avoir laissé dans ma ville natale quelques souvenirs honorables; d'anciens collègues ont pu juger mon zèle, le commerce ma probité; hors de chez moi comme dans mon intérieur, mon cœur et mes sollicitudes; de hauts personnages m'ont honoré de leur amitié; dans mes opinions politiques, je n'ai jamais varié; je les conserve par conviction avec mon dévouement au malheur.

Au pays où je suis venu planter ma tente sous de plus paisibles présages, il y a, ainsi que dans les cantons voisins, des personnes vénérables et distinguées, qui, par les marques d'intérêt et de considération qu'elles daignent me donner, allègent beaucoup le poids de mes chagrins et de mes regrets.

LE CARON.

CONSULTATION.

Le conseil soussigné, consulté sur la question de savoir si M. Le Caron a pu être valablement déclaré déchu du titre de Membre honoraire de la Société de Saint-André, sans avoir été averti ni entendu, et sans qu'on lui ait signifié les motifs de son exclusion ;

Vu les statuts et les règlements de ladite société ;

Est d'avis de la négative.

La Société de Saint-André est un Cercle fondé à Rouen depuis plus d'un siècle, et qui réunit un nombre déterminé de personnes notables de la ville.

Des statuts publiés officiellement règlent le mode d'admission des Sociétaires, et tous les détails de l'administration intérieure. D'après ces statuts, les Membres se divisent en Membres titulaires et Membres honoraires. — Aux termes de l'art. 2, le titre de Membre honoraire peut être conféré à toute personne qui, après avoir fait partie de la Société « pendant cinq ans, cesserait d'habiter la ville. »

M. Le Caron, ancien négociant à Rouen, a été, en 1806, reçu à *l'unanimité*, Membre de la Société de Saint-André, dont il a fait partie pendant de longues années. En 1839, M. Le Caron vint se fixer aux environs de Paris ; mais les excellentes relations qu'il avait à Rouen lui faisaient un devoir de ne pas rompre tous les liens qui le rattachaient à une ville où il avait vécu longtemps et où il laissait les plus honorables souvenirs. En partant, il demanda le titre de Membre honoraire de la Société de Saint-André. Ce titre lui fut conféré à *l'unanimité.*

Il y a quelque temps, M. Le Caron étant allé à Rouen, se présenta au Cercle; mais là, il apprit avec un profond étonnement qu'il ne faisait plus partie de la Société, et qu'il était considéré comme démissionnaire. Aucun avertissement ne l'avait mis à même de réclamer contre cette décision, dont les motifs ou le prétexte lui sont encore inconnus.

Aujourd'hui, M. Le Caron croit de son honneur de protester contre une mesure que rien ne justifie, et qui peut porter une atteinte grave à sa considération.

Si l'on interroge les statuts de la Société, l'on n'y trouve aucune disposition qui puisse motiver cette exclusion arbitraire.

L'art. 14 prévoit deux cas dans lesquels un Membre ne peut continuer à faire partie de la Société, — le cas de faillite; — le cas où le Sociétaire commettrait une action jugée déshonorante. Or, M. Le Caron n'a jamais été dans la première de ces conditions, et quant à la seconde, sa vie tout entière, les suffrages unanimes qui l'ont deux fois accueilli dans cette Société même qui l'exclut aujourd'hui, répondent assez haut pour qu'il n'ait pas besoin de se défendre.

Cependant M. Le Caron a été rayé du tableau des Sociétaires, rayé à son insu, sans instruction, sans défense, par un jugement non motivé, c'est-à-dire qu'aux yeux du public, qui n'est pas dans la confidence du secret des votes, il se trouve nécessairement dans un des cas d'indignité prévus dans les statuts de la Société. La carrière est donc ouverte à toutes les suppositions, et toutes les insinuations de la malveillance ou de la malignité publique peuvent trouver place dans le mystère même qui cache les motifs de la sentence,

Les convenances sociales, les exigences de l'opinion publique ont leur gravité, qu'il ne faut pas exagérer sans mesure, mais qu'il faut reconnaître.

L'admission dans une Société comme la société de Saint-André, régulièrement constituée, composée d'hommes honorables et des notabilités d'une grande ville, est un titre qui a sa valeur, que l'on recherche avec empressement, et qu'il n'est pas donné à tout le monde d'obtenir; mais une fois qu'on l'a mérité, il y a là un droit acquis dont on ne peut pas être dépossédé arbitrairement sans de graves et véritables dangers.

En effet, il y a deux choses qu'il ne faut pas confondre : se présenter candidat et n'être pas admis, c'est là un échec sans conséquences sérieuses, qui laisse intacte la considération et ne peut blesser que l'amour-propre; mais avoir porté pendant de longues années un titre qui donne des droits à l'estime publique, se l'être vu conférer deux fois par des suffrages unanimes, puis en être dépossédé tout à coup par un vote secret qui laisse tout supposer, c'est évidemment souffrir, dans sa considération, l'atteinte la plus grave, surtout lorsqu'on lit dans les statuts sociaux que l'exclusion ne sera prononcée que pour une action déshonorante.

La Société, en destituant un de ses Membres, rend une sentence en vertu des pouvoirs qu'elle s'est régulièrement attribués. Si c'est une sentence, il faut du moins qu'elle soit conforme aux premières lois de la justice et de l'équité. Or, le premier principe de la justice, c'est qu'on ne peut juger un accusé sans l'entendre; c'est qu'on ne peut prononcer un arrêt sans le motiver : ce que les juridictions les plus élevées ne peuvent faire, ces petites juridictions spéciales, créées par les convenances du monde, ne peuvent pas le faire davantage sans violer toutes les lois de la justice. Elles le peuvent d'autant moins que leurs décisions, rendues par des hommes du monde, dans une sphère moins inviolable que celle de la justice, sont nécessairement soumises au contrôle légitime de l'opinion publique, dont elles sont une émanation. Il faut donc que l'opinion puisse prononcer avec connaissance de cause entre l'accusation et l'accusé ; il faut qu'elle puisse apprécier les griefs et peser la défense, et, surtout, qu'il n'y ait pas d'incertitude sur les motifs du jugement.

S'il en était autrement, le pouvoir remis aux mains de ces juridictions exceptionnelles serait une arme trop dangereuse ; car en ne précisant rien dans une accusation, on laisse tout entendre, et en punissant une faute sans la nommer, on laisse le champ libre à toutes les exagérations et à toutes les calomnies : nulle part cela ne peut s'appeler de la justice.

Le Conseil soussigné est convaincu que tel n'est pas le sens des statuts de la Société de Saint-André ; ils portent que l'exclusion peut être prononcée pour une action *jugée* déshonorante. Il ne s'agit donc pas là d'un vote silencieux, provoqué par des accusations vagues et par des bruits malveillants ; c'est un jugement véritable, c'est-à-dire une décision contradictoire, qui laisse place à la défense, qui donne la raison de ses sévérités, et qui ne livre pas aux passions ou à la malveillance le soin de deviner ses motifs et d'interpréter son silence.

Délibéré à Paris, le 9 Février 1847.

CHAIX-D'EST-ANGE.

Ancien Bâtonnier.

Paris. — Imprimerie de SOUPE, passage du Ponceau, 18 et 20.

BIBLIOTHEQUE NATIONALE DE FRANCE
3 7502 01005370 2

www.ingramcontent.com/pod-product-compliance
Ingram Content Group UK Ltd.
Pitfield, Milton Keynes, MK11 3LW, UK
UKHW020549230726
13925UKWH00006B/2476